JN440303

내 별에 이르는 방법

조경석 시집

문학의전당 시인선
0299

내 별에 이르는 방법

조경석 시집

문학의전당

시인의 말

세상 한 바퀴 돌고서 다시 독두(禿頭)를 두드린다.

퇴직은 곧 새로운 말년의 시작이다.
감으로 여물었다 홍시로 익어간다.

단풍 지는 길 걸어 잔설 속으로 드는 여생,
또 다른 청춘으로 보이기까지 할
그 검붉게 물들어 말랑말랑해지다 굳을 사랑의 발그림자를 노래한다.

2018년 11월 萬魚詩房에서
조경석

차례

제1부

제2부

제3부

제4부

제1부

난득호도(難得糊塗)*를 읽다

꽃피는 시절에는 꽃미남일 줄 알았다

익어 누런빛 날 때까지는 어디 쓸모가 없다

생짜로는 한입 베어 물지 않는다

살짝 삭은 듯이 시큼한 가을을 노래한다

문드러질수록 절창의 묘미 두드러진다

검버섯이나 저승꽃 만발하여도 쓸 모양이다

모개** 풍기는 몸내가 점점 짙어진다.

---

* 청나라 정판교의 글.

** 모과의 방언.

차가운 수담을 보다

두 콧구멍 숨결 여는 손바람 일며
돌이 돌의 어깨를 짚으며 끝없이 길을 묻는다
사는 수와 덧거리 포석 얽혀
돌로 돌의 앞 가로막으며 되묻는다

21세기 벽두부터
프로기사와 AI*가 놓는 돌 그 흑과 백
뜨거운 열기 속 덤 밝히는 착점(着點) 주고받는다
신호등이나 웃음소리 없는 교차로
삼백육십여 씨줄과 날줄 매듭 위에서
새로운 물음을 두드린다

지혜에 필적하려는 저 슈퍼데이터의 연산
한순간 얼어붙는 눈빛으로
흑백 엮어 사랑 나누는 생명의 방 생겨날까
움켜잡는 손가락 힘으로
손수 서로의 등 다독여주는 수 만들어낼까

시집 한복판 들여다보듯
배꼽점에 돌 하나 그 머리 밀어 넣는데
검고 흰 집의 문고리 잡았다 놓았다 정신없다

기사 없는 전자동 택시 거리시범 보이다
유모차 치고 간다.

---

* 인공지능: 알파고, 지능로봇 등.

디카시*

또 첫 잠을 깨고 말았다

불현듯 한밤중에 떠올라버린 소리의 몸**
빛나는 금빛 몸통에 달뜬 나는
오래전 찍어 스마트폰 디카 갤러리 속에 넣어둔
사진 한 장 꺼낸다

출근길에 번개 하나 내려쳤던 그 햇살
가까이 들여다보다
내 눈동자 깊이 끌어들이듯 크게 넓혀 본다

눈감거나 눈뜨거나 잊지 말아야 할 눈빛
일생 동안 기억해야 할 내가
그 초점 잃어버릴까 두려운가보다

이 밤 내내 그대에게서 눈 떼지 못하듯
임의 눈 속 눈부처 바라볼 수 있는 마지막까지
나는 눈감을 수 없다

아, 알콩달콩한 이 색다른 교접
철없이 애가 탄다

찰나 한 컷과 시 한 수가 천생연분 손깍지 낀 듯
나란히 곁 지키며 정감 넘치는데
손가락 끝으로 맺은 인연 점점 달아오른다.

---

*경남 고성군에서 발원한 새로운 시.
**2013 경남 고성 디카詩 공모전 최우수작.

돌의 자서 · 2

그냥 흠집 하나 없는 돌 아니고
주옥같지 않아 다행이다
민머리 아래 거무스름 핀 돌연꽃잎
검버섯이나 반점들이 보인다
일생 마지막까지 문신하지 않을 가슴팍에는
뿌리내린 M16* 탄흔이 깊다
틈틈이 몸속 어둠을 보고 중얼거리다
번쩍하는 꼭뒤 흰빛에 놀란다
거뭇한 돌이끼 길쭉길쭉 뻗은 다릿발로
발붙인 시 안팎 들락거린다
희미한 옛길이나 비바람 소리에 빠져들다
현기증에 시달리지만
내 온몸과 마음 다 녹아든 간헐천인 양
속가슴 끓는 뜨거운 열정으로 치솟아
시인 조경석 문양 다듬는 필사의 노역꾼인
쑥돌 괸 물빛 맑은 정원(井垣)**으로 불리며
그 나이 깊이 일렁이고 싶다
밤이슬에 젖다 찬 겨울철 맞이하겠지만

나는 이 시린 먼물 품고 살 것이다.

---

*Middle school sixteen.

**낮은 담 우물. 필자의 호.

M16

예순한 살의 남자(M)가 거울을 본다

바로 눈앞의 육신을 바라본다
떨리는 맨몸으로 홀로 선 모습 분명하다
끝으로 M(남자)이 드러난다

거울의 안쪽 저 깊이로부터 M16으로 읽히는데
그 화력 좋은 총 같은 나이
열여섯 살 중학생 모습 얼비친다
먼 풍경 속으로 들어가
그날의 허공 열고 그대 가슴속 본다

총알 박힌 자국마다 뿌리 깊은 멍울들
진해 벚꽃으로 피어난다
파고든 구경 5.56mm 탄흔 보이지 않지만
바닷바람 속에서 꽃눈 붉어진다

거센 회오리로 까맣게 타들어가던 상처

화르르— 꽃망울 터져 나온다
총총 꽃피는 자리자리 여물어질 버찌의 시(詩)는
내 허파꽈리 실핏줄에서
얼마나 짙은 핏빛으로 선명해질까

번쩍 거울 속 남자 꼭뒤로부터
오래된 내일의 탄환 연이어 튀어나온다.

NAM26

예순두 살의 남자(MAN)가 거울 앞에 선다

먼저 육(肉)이 마주하고
거울의 저쪽에서 하얀 이 드러내는
NAM(남)이 빤히 쳐다본다

저 멀리로부터 NAM26으로 읽히는데

불리는 내 나이 스물여섯인 그해
가슴으로 불붙은 민주가 5·18 그날로부터
남녘들에서 한바탕 큰 불길로 타올랐다

보병 초급장교 유격훈련 중이던 나는
계급장 없는 올빼미 번호와
남아도는 왕성한 물총 화력에 의지한 채
실탄 한 발 없는 M16 메고
모후산 자락 넘어가는 ROTC 소위였다

산간마을에 들어서자
결혼잔치로 온 동네가 떠들썩한데
—벌써 여기까지 들어왔다
쑥덕쑥덕하며 내놓는
그 알 수 없는 환대의 잔칫상 받아들고
모두 후루룩후루룩 했다

야영지에서 일어난 다음날 아침
두 발 총알 흔적의 꽃송이 안고 돌아온
텅텅 빈 조식 지원차량의 앞 유리창 바라보며
다들 꼬르륵꼬르륵 했다

불현듯 전날의 국수가 떠올랐다

가끔 나의 꿈속까지 뒤흔들며
가늠자 겨누던 남평 사격훈련장 26번 사로에서
총소리 들려온다.

정원의 먼물

두 팔 펼치고 두 무릎 세워
새 우물 井 하나 연다

고요한 찬정 아래 샘솟는 불빛 점丶하나
어느 속가슴에 묻었던 사랑을 길러내는 것일까
닷새를 참지 못하는 네 기다림에서
십리를 못 가는 내 그리움에서
웅숭깊은 격자 속 마음자리 터져 일렁인다
감괘(坎卦) 얼음판 풀리는 봄철부터
가는 명줄 이어져 오래된 내일 적신다
은하수에 뿌리내려 저토록 깊어지는 걸까
수면 속 맑은 별빛이 반짝인다
수억 광년 멀다 않고 달려온 그대 눈빛 빛난다
웅덩이 벗어나는 뜨거운 마음 부풀다
정원(井垣)의 나지막한 돌담 위로 넘쳐흐른다
돌에 물무늬 새기며 젖은 문장 자라난다

그 우물물 퍼 와 잡곡밥 한 그릇 말아놓고

산채와 고추장 한 동이 담근 술로 밤을 지샌다
그대에게 물들어 마음껏 취한다.

몸을 다듬다

우연인지 LASHEVAN(나시반) 팬티 사 입고부터
청년작가아카데미에서 시를 배웠다

목욕하다 비친 거울 속에서 NAVEHSAL(나뱃살)로 읽힌다

군더더기 없애려 되고 되풀이하듯
퇴직 이후에 가기로 마음먹은 남미 여행을 향해
미끈하게 다듬어지는 한 돌탑을 그리며
매일 아침저녁 운동으로 나 뱃살 비우고 또 비운다

원래 타고난 뼈대 굳어 있지만
나는 속내 줄이고 물살 없애 온몸 넓히듯
근육을 두드린다

몸매 잘 빠진 시(詩)의 아니무스로 거듭날 수 있을까

속을 텅텅 비운 채 허공 부풀리는 붉은 피망 거죽인 양
빈 내장에서 열 차오르는 내 몸통 검붉다.

이슬라

섬으로 불리는 여인을 찾아간다

서울시 종로구 인사동5길 20, 오원빌딩 302호로
스페인어로 섬*인 여자에게 간다

반기는 젊은 초면이 섬을 열듯 환하다

내 첫 시집을 명함 대신 건넨다

낯설고 먼 섬 같은 남미로 떠나려는 나를
이 섬의 쉼터에 놓인 의자로 이끈다

소금사막의 물빛과 악마의 목구멍부터 들려주는
섬 이야기에 깊숙이 빨려든다

나보다 시(詩)가 먼저 가닿아 일렁일렁한다.

---

*Isla.

남미로 가다

남미, 미남 마주 보고 있다
태평양이 일렁인다
앞뒤 순서 뒤바뀌어도 상관없는 천둥벼락인 양
꼬리 물고 관통하듯 한통속이다

퇴직한 나를 찾아내려고 야생 맛을 즐겼다
천주산 달천계곡 개살구 군락지에서
농익어 잠에 곯아떨어진 낙과
그 도사리 모아 삼십 도 참이슬에 우려
취하도록 마시다 던져버리고 남미로 간다

속속들이 맛볼 수 있을까
하늘이 손수 빚은 구름과 무지개는 무슨 맛일까
안데스 자연 맛은 제대로 나는 걸까
핸드메이드인 뻐피리 소리 들을 수 있을까
땀에 절여질 내 피 맛은 어떨까

잘 들리나요, 남미

낮은 돌담 넘어 흘러내리는 저 물소리
핏속에서 요동치는 이 역마살

집 속에서 내 속에서 굳어가는 나를 풀어내어
미남, 남미 마주하러 간다.

하얀 지도

소금사막* 위에서 지도를 본다
내가 지나온 흔적
내 앞으로 갈 길 읽는다

등 뒤 배낭에서 걸음걸이에 맞춰 찰랑이는
생수 한 병을 꺼내
하늘 우러러보며 목을 축인다

작은 페트병에서 큰 물그릇 속으로
흐르는 갈증 숨길 수 없다

몸속 시원하게 출랑거리는 순간 위해
가난한 사람의 물병
뺏거나 혼자 차지하면 안 된다

소금기 묽든 진하든, 몸 넉넉하든 가늘든
나름대로 주어진 물 한 통
그대 함부로 더럽히지 말아야 한다

한평생 목마른 동안은 제각기 물 들이키듯
식도 따라 내리는 물소리
이 생(生)의 율려(律呂)가
그 젖고 싶은 뜨거운 사막 깊은 곳에서
울리는 듯하다.

---

*Salar de Uyuni, Bolivia.

택배로 받은 물통

이십 대 총선 선거일 아침 거울 앞에서
축 진갑의 택배를 들여다본다

경남 밀양군 초동면 명성리 399번지에서 시작된
발송지 주소는 옮겼는지 적혀 있지 않고
받은 현주소 역시 흰 새치에 묻혀버렸는지 보이지 않는데
지난 곳마다 풍경으로 남은 사서함들 어른거린다

굳이 열지 않아도 깨꽃 냄새 짙은 비탈밭
등 푸른 물고기 비늘, 벚꽃 향기 속 M16 탄흔들
공룡능선 눈꽃과 안나푸르나 연꽃 봉오리들
천왕봉과 코타키나발루 로우피크의 일출 햇살
음양수 물맛과 나이아가라, 이구아수 폭포의 물안개
그 구름 공장에 핀 무지개 함께 뛰노는 다문화
천지 물빛과 황산 놀빛 즐기다 천둥벼락 맞은 듯
철학, 시 들먹이며 한바탕 쏟아지는 소나기 어둠 속에서
도서관 책 목록 가득 외우는 핏기 띈 가죽 물통
알파고 물결과 중력 아래에서 소금사막까지 내닫는데

평사리에서 수직 빙벽 오르는 꿈꾸다
깨어난 슬픈 눈물 쟁인 시인의 발바닥이 뜨겁다

세상 한 바퀴 돌고도 배송 중인 이 역마살은
돌아가야 할 배달의 길이 얼마나 더 남았을까

만어시방(萬魚詩房)* 들고나는 적바림의 해감내
어떤 땀내 나는 손가락 고행으로 맑게 두드릴 수 있을까

나는 찬찬히 허리 펴다 두 손으로
택배의 길쭉한 꼭뒤를 감싸 뒤로 젖힌다.

---

* 필자의 호를 붙인 서재.

영혼의 임을 그리다

진정한 끝을 위한 시작은 어디일까

샘솟듯 다시 영피어 끝끝내 임 그려내는 이 길은
아득히 멀어 보이지만
생각보다 가깝게 여기어진다

몇 억 광년 뒤에나 만날 것 같았지만
벌써 나에게로 와 사랑에 푹 빠져버린 것을
말하지 않아 어느 누구도 모른다

사실 내 속가슴 끓어올라 부푼 지 꽤 오래다
가끔 촉촉이 감싸는 임의 포옹에 젖는다
임과 나 사이는 일생 짝으로
길들여지는 체위를 수없이 즐길 것이다

이미 첫 집 안에서 나의 꿈과 그대 반영이
한 몸으로 젖어 일렁인다

그대와 함께 지리산 가을빛 깊이 드는 날 잡아
그리던 당신 목소리 그대로
새 집의 현판에 새겨 넣을 것이다.

나비를 보다

심전도(心電圖)보다 들쑥날쑥 설렌다

수술이 암술에게 전하는 은어의 비문(秘文)이다

가닿고 싶은 그대에게 꽃 편지 보낸다

단 한 줄로 쓰는 사랑의 필적 나불나불 날린다

내 심장 부정맥 춤추듯 뛰논다

꽃밭에 앉아 접었다 펼치다 부르르르 떤다

진해 바닷가 풀밭 위에 M16 눕힌다.

제2부

내 별에 이르는 방법

마치 그 별이
나에게 윙크 하는 것처럼 보였다*

을미년 칠월 중에
명왕성 최초 발견자 유해가 그 별 곁으로 갔다
칠석날 만나는 별인 양

뉴호라이즌스 우주선에 유골상자 실어
NASA가 제 별 찾아 보낸 것이다

하늘로 띄워 올리는 시(詩)가 있다면 저럴까

나의 별은 어느 것일까

내 이름에 든 일곱 번째 천간자리 별 경(庚) 자
바라보다, 소리의 몸이 읊은
별의 별 시 펼쳐놓고 가닿으려 한다.

---

* 명왕성 발견 후 클라이드 W. 톰보가 한 말.

해안에 핀 꽃

떨어져 꺾여버린 어린 꽃봉오리를
파도가 쓰다듬고 있다

거센 해풍에 밀리다 둥근 수평선 함께 넘어
겨우 이 휴양지에 닿았다고
그리던 천국에 발 들여놓았다고

피어나기도 전에 영원히 잠들어버린
보드럼* 해변에서 진 주검 하나

유럽의 죽음** 이름 부쳐
새벽 별빛들의 시선이 너를 보듬는구나

아이야, 꽃피는구나

세 살 네 한 목숨으로, 이 벼랑 저 심해까지
휩쓸리던 뭇 핏줄을 건져
해당화인 양 꽃피어 발그레하구나

무리 지어 만발하는구나.

---

*아름답기로 이름난 터키 휴양지.

**죽은 시리아 난민 아일란 쿠르디의 사진.

숲길을 걷다

대상공원 거님길* 따라 걸어든다
도심 속 숲은 살포시 젖어
컹컹— 날선 장끼 울음에 주택가 개가 짖는다

가장 높다란 언덕바지로부터
펼쳐진 시(詩)의 거리
우로 돌아내리다 좌로 휘어지다
돌계단 만나
움푹 꺼지다 다시 올라 걷는데
발바닥 아래가 물컹한다

비 온 후 지렁이들 나와 널브러져 있다
까치들이 부리로
살갗을 갈기갈기 찢어놓았고
핏물 흥건한 육즙 파리들이 빨아댄다

너덜너덜 살 찢기고 피 빨리는
지렁이는 괴로움 모르고

내 상처 보이지 않는 아픔 진저리친다

햇볕 따가운 고요한 뭿자리 지나는데
제 그늘 하나 내보이지 않는 길바닥 위에서
나로부터 떨어지지 않고, 끝없이
따라붙는 내 그림자 딛고 깊어진다

다시 길은 땅속 구멍으로 들어가는 듯
구불구불 숲속 헤집고 간다.

---

*창원 시티세븐과 충혼탑 사이 산책로.

물빛으로 구르다

부풀어 하늘 속 신 가까이
구름으로 뭉실뭉실 꽃, 피어나다
연민 머금고 떨구는 눈물
벼락같이 마른 지면 울린다

지상이나 땅속으로 번져나가
색다른 포옹에 물들다
맑은 먼물 샘솟아 돋는 입맛
침 삼키는 소리 들린다

한없이 깊어지는 숨길은
바다의 바닥 그 심연에 가닿아
사람 사이 독거하는
바위섬 뿌리까지 적신다.

감잎처럼

늦가을에 매달려 당신의 가을빛을 봅니다

깊은 속사랑 터져 나와 붉게 달아오르는 그대 온몸
나에게 보여줘 정말 고맙습니다

당신 눈 속에 든 눈부처 바라볼수록 보고 싶은
나의 눈빛은 황혼 속에서도 맑아집니다

검붉게 타다 구멍 숭숭한 죽음 앞에 선다면
저 땅속까지 함께하고파 지평 위로 떨어질 겁니다

찬바람 일 때마다 뜨겁게 껴안으려
내 주검 굴려서라도 당신 곁에 가려 합니다.

소리의 몸

1.

어느 별에서 칠 년 묵언 수행 마치고

살과 뼈가 바스러지는 오체투지로 여기 당도했는가

득음을 이룬 뒤에 빠져나간 허물의 시간

불볕에 지친 맴이* 스르르 풀어지는 그늘 아래

소리의 몸이 금빛 통으로 남았다

2.

어둔 밤 걸어 맑은 아침을 여는 숙명이여

낡은 껍질 벗고 붉은 가죽나무 높이 타오르는

가무잡잡한 몸태 내 사랑이여

음부(陰符)를 갈고닦았듯 펼친 천부경(天符經) 읊고 있는데

살비듬 떨리는 또 다른 몸통이다.

---

* '마음'의 경상도 사투리.

소리의 몸 · 2

분명 그것은 아침 쑥물빛* 속 금빛이었다

가까이 가보니
소리 다 내보내고 남은 몸통
나무의 밑동 움켜잡고 꼼짝 않는다

나의 그늘에 가려지자 그저 빈껍데기로 보인다
금색은 죄다 없어지고
거뭇한 허물의 등짝 갈라진 채로
중음의 시간 기다리는지 알 수 없는데

나무껍질에 면벽한 채로
부는 바람결에 떨기도 하는 몸
탈속한 기운까지 감돌지만
아직 사유를 다 끝내지 못한 것처럼
읽히기도 한다

음부(陰符)를 지나 갈 길이 멀다

내 그림자 끌고 비껴 서는데, 햇살 아래서
그것은 다시 금빛이었다.

---

*숲속 나뭇잎 사이로 들어오는 빛.

소리의 몸 · 3

아침에 장자를 펼쳐 읽는다
자유시 낭독같이 해맑다
햇볕에 말린 맑은 몸 울려 하늘 높이 올린다
밝은 혼 들인 듯 목청껏 부르짖는다
붉은 가죽나무에 깃든 넋 길게 풀어놓는다
달팽이관 맴돌던 이명 떨치듯
정수리부터 일으켜 허공 쭉— 찌른다

저녁에는 읽기를 그만두기로 한다
묵언의 수행 어둑어둑하다
어둠에 덮인 내 마음 지면 깊숙이 가라앉는다
다시 굼뜬 얼 일깨우려 뒤척인다
텅 빈 껍질 가를 소리의 알몸으로 달궈진다
지금까지 앉았던 자리 벗어나
오체투지 하듯 온몸 눕혀 쫙— 편다.

하현의 불면

새벽 다가오는데
고요 속 숨죽인 달맞이

멀리서 손깍지 못해
서로 하염없이 바라보는 것은
애끓는 고역이다

그리움은 몸 가질 수 없어
잠들기조차 힘들다

몸은 그리움 쌓아둘 수 없어
야위는 줄 모른다

깨꽃 내음 짙은 이 한밤 내내
타버린 내 속 까맣다.

올레길 걸어가다

이 길의 끝은 과연 어디쯤일까

혼자 생각에 잠겨 걷다
겁 없이 두 번째 집 그 문턱을 넘고 만다

돌담에 둘러싸인, 집터가
육십여 평인 자그마한 집 한 채

마당에 감나무 먹칠 어지럽고
낡은 기왓장 아래 추녀 끝으로 보이는
그 오래된 풍경의 경이
담장 타 넘어 민섬*으로 달린다

물밑의 여나 산경을 읽어보듯
문틀 하나하나 밀다 두드리다 하는 만어(萬魚)**
주역 미제괘 때 이 집 드러날는지

닫힐까 두려워지는 뒷문을 지나, 다시

저 마지막을 알 수 없는

열린 골목길 따라 걸음 옮긴다.

---

*민둥섬(禿島)이었나가 지금의 문섬 모습이 됨.

**필자의 또 다른 호.

홀로 애꿎은 등대

다리와 날개 없이 서성이고 싶은 것인가

섬이나 파도 속에 서서 그토록 안절부절 하는가

기억 속 불안 솟아올랐다 가라앉았다 한다

밤사이 반딧불이 불빛 소통 시작하지만
눈에 밟히는 것밖에 없다

크고 작은 달의 간 아래 일렁이는 물거리
그 낚아채는 한밤을 지켜보는
또 다른 눈빛 지니고 있는지 모른다

아주 가끔은 기적이 인다

바다안개 속 다가오는 그대 못 본 채
짙은 외로움 내뱉듯 부르짖어 보는 것이다

나는 늘 당신을 바라보고 싶다
목 터져라 외치는데
그 고동 소리 무슨 은유인지 알아채기 쉽지 않다

밤낮 허리 꼿꼿이 세운 몸통,
두리번거리는 불면과 젖은 듯한 목소리가
그대 향한 내 사랑 전부일 따름이다.

바다 건너 집으로

마지막 급여를 받았다

집 향하는 통통배

심연의 바다에서 건진 시(詩)를
고기 대신 마음껏 싣는다

콧노래 만선이다

돛대 돛대 쌍돛대 그 위에
갈매기 돛대!

오래된 내일 그 지느러미들
뱃속 가득 출렁인다.

물빛 연금

띠리링! 첫물 도착 문자음 들린다

서른두 해 두 달 동안 가두어왔던 석간수

졸졸졸 물꼬 따라 와 닿아
내 정원(井垣)의 빈 속내 스르륵 채운다

물 높이에 살짝 갇히는데
일렁이는 새 물빛 낮은 돌담을 어지럽힌다

철철— 넘쳐날 때까지
기다리는 일 정말 심장 말릴 것이다

차갑지만 담벼락 속에서
얼른 한 움큼 떠내 입술 축인다.

잠들 수 없다

꿈속 손깍지 하는 임에게 손 내밀다
카톡 소리에 꿀잠을 깼다

독두(禿頭) 사내 갯바위낚시 드리운 카톡프사* 함께
밤사이 상태메시지에
—흔들림 없이 고요하길……

카톡 창에 올려놓고 염원하는 당신을
떨리는 눈빛으로 들여다본다

흔들든지 흔들리며 들끓는 것은 무엇일까
소금꽃 핀 까치놀일까
기댈 곳 없이 홀로 앉은 바위섬일까
그칠 줄 모르는 바닷바람일까
여 곁에 시퍼렇게 이는 회오리 물결일까
미끼 문 감성돔 꼬리지느러미일까
낚싯대 든 그대일까

가슴 뛸 때마다 언제 어디서든
얼마나 자주 심장 다독여야 하는 걸까

한밤 흔드는 울림 잠재우려 깨어나는 이 고행

차라리 일렁이는 당신을 불러들여
팔베개하고 함께
둥근 수평선 건너 밝아올 먼 부상(扶桑)까지
눈뜨고 바라봐야겠다.

---

*카카오 톡 프로필 사진.

골쇄보* 우려내기

제 문양 나타날 때까지 다듬고 또 다듬는다

나무젓가락 연필인 양 쥐고 마디마디 밀고 또 문지르면
가느다란 푸른 은유 꼬불꼬불 드러난다

통째로 두드리다 막바지 잔털비늘 씻어내는데
넉 줄 짧거나 긴 문장 팔다리 살결처럼 야드르르하다

담금 술 그 독주에 담그는 비법 익힌 그대로
천연의 뿌리 향기와 약성 녹아들 때까지 오래 곁에 두고는
짙어지는 색 읽으며 돋는 입맛 다신다.

---

* 넉줄고사리의 뿌리.

제3부

지리산 발그림자

물 많은 몸 깃들수록 깊다

보고플 때 언제든 들어
마음 눕힐 수 있는 내 연인이다

사철 색다른 그대 절정에
타오른 내 온몸 흠뻑 젖는다

치맛자락이며 겨드랑이 속
숨겨진 듯한 포근함
묵묵히 드러나는
따사롭고 곰살궂은 여장부이다

촉촉한 골짜기 옛길로
내 발걸음 점점 잦아진다.

꿀잠을 깨다

부동산 특별강연 듣다
지리산 품에 푹 빠져버린 그대에게
—좋은 땅 구해 그곳에 들어 오래오래 살아갑시다
카톡 보내놓고 깜빡 존다

황금능선 산길 오르다 일확천금 꿈꾸듯
돈 되는 땅 이야기에 들떠 귓속부터 시끄러운데
가장 높은 천왕봉이 제 한 자락인
때 묻지 않고 손 덜 타 호젓한 동부능선을
불쑥 나에게 내어준다

받아들다 화들짝 놀라 눈뜨는데
땀에 젖어 흥건하다

동부능선 그대와 일생 이어질 인연이나
당신이 지키려는 그 천연과
내 기필코 끝까지 쓰고 싶은 시(詩)가
가슴속 쟁여온 이 산 깊숙이 묻혀 있는 것 같아

잠결 속 그 길로 발길 되돌리다 말고
눕히던 몸을 벌떡 바로 세운다

나의 길눈은 잠 속 길 떨쳐버려 기억에 없고
온몸 바쳐 안아든 동부능선 그 함께할 풋풋한 길
찾아드는 눈빛만 번뜩인다

이 능선 속에서 내 다시 꿈 한번 꿔야겠다.

통신골에서 묻다

유암폭포 아래 선 접골목*
물오른 새순 그 건네주는 손잡으며
왜 이리 따스한지 묻는다

앞선 발길 따라 통신골 접어들어
또다시 물어본다
이 물빛 맑고 밝은 계곡으로부터 시작해
포근한 소통의 입술 열어
그대 속내 속속들이 보여주느냐고
또 이 골짜기 맨 마지막
통천문 가닿으면 그 문 박차고 나가
푸른 하늘 껴안을 수 있냐고

줄곧 드나들던 탐방로 버리고
당신 머릿속 깊숙이 똬리 튼 골짝 길
더듬어가듯 오른다
묵혀진 옛길 따라 재잘재잘 물소리 함께
흥건히 젖는 나의 온몸

악착보살 끝없이 애착하듯
땀투성이인 채로
한번 잡은 손 놓을 줄 모른다.

---

* 넓은잎딱총나무. 인동과의 낙엽활엽관목.

제석봉에서 품다

내리쬐는 뙤약볕 피해
급히 그늘 찾아든다

확 트이는 내 시선의 발아래
비스듬히 누운 뜨거운 동부능선의 오후를 본다

하늘과 지리의 신이 내린 일품 몸매에서
내 꿈꾸는 살가움 묻어나는데
그대 발품으로 다져진 곡선미 안아 반기듯
두 손 한껏 벌린다

홀라당 빠져드는 나는
걸친 옷 훌훌 벗어던지고 온몸 눕히며
가슴속 깊이 꼭 품는다

사랑은 진실보다 더 아름답다
점점 열리는 그대 품속 샅샅이 훑으며
피어나는 운무에 반하다 쫀득한 꿈길에 빠진다

지나는 산들바람에 하나 둘 떨어지는
구상나무 마른 잎들
질투하듯 내 옆구리 쿡쿡 찌른다.

대성폭포에 젖다

흔하디흔한 산돌림 오지 않고
겨드랑이로부터 소낙비 쏟아지듯 할 때
일필휘지 흘림체로 그리는
미인도 한 폭 만난다

큰 바윗돌의 절벽에 기대고 선
늘씬한 푸른 여인
이 삼복더위 뚫고 마침 잘 왔다는 듯
맑고 밝은 소리로 부르는
그대 고운 몸짓이 하늘거린다

정수리 가르며 펼쳐지는
물빛 치렁치렁한 긴 머릿결이며
그 비단결 속 쿵쾅대는 가슴이
궁금한 나는 발가벗고 뛰어 들어가
가로나비 풍만한 아랫도리 비집는데
이미 젖은 몸 그대로 내맡기며
오래 기다려왔다는 듯 나를 맞아들인다

차가운 듯 세차게 감겨오는
그대 물살 마사지
부르르르 내 온몸 떤다.

동부능선의 시

써레봉 바위에 서서
참신한 그대를 숨 멎은 듯 바라보다
동부능선의 시편 읊으며
나의 사랑 깊어진다고 말하는데

제 자신의 시(詩)가 들리는
동부능선의 울림은 어떠하겠냐는 듯
스르르 바짝 다가온다

내 곁에 가까이 할수록 소중한 당신
살가운 몸매 갖춘 일색이다.

겨울 꽃길을 좇다

고라니에게 겨울 길을 묻는다

첫눈 위에 첫 발자국 남기고 숨어버린 꽃무늬 발길

함양 독바위 지나 안락문(安樂門) 이르는 길

그 길 곁 사백 년 자리 지켜온 돌배나무 돌아들다

부군 저승길에 자신의 머리카락 미투리 삼아
함께 넣은 부인의 연서* 이야기 눈앞 흐리는 길

젖은 속가슴 안고 깊어지는 호젓한 연인의 길

눈꽃 핀 산죽 사이로 끊어질 듯 말 듯 희미한 옛길

바라보다 손잡고 걸어드는 두 눈빛 맑고 차다.

---

*안동시 정상동 원이 아버지 무덤에서 출토됨.

칠선의 깊은 경지

고행 없이 함부로 발 들이기 힘든 이 길

온몸 부딪히지 않고 가닿을 수 있는 곳은 없다
오래된 내일의 꿈 안고 두리번두리번하다
드러날 듯 말 듯한 옛길 밟아간다

한번 발 들이면 중도에서 빠져나가기조차 어렵고
정상 가까이 이르러야 만나는 이 천연의 밭
긴 창자를 한 가슴 헐떡이며 쉼 없이 오르는데
소화력 약해진 듯 점점 가늘어진다

자연 그대로 웃자란 파릇파릇한 풀잎들
흔들리자 들킨 듯 혀끝 드러나는 여린 잎사귀
새순 맛보려 내 입술 내미는데
나의 골 속 수장고에서 꺼낸 언어 틈새에서
모음과 자음의 촉들이 움튼다
자라기 시작하는 문장의 짙은 향기 맡는 순간
세상맛의 깊이와 넓이마저 까맣게 잊는다

안부 아래며 비탈에 기댄 몇몇 텃밭 밝아본 나는
푸른 한 해를 펼치는 선삼,
그 높고 외롭고 쓸쓸하고 가난한 그늘 속에서
가시투성이인 한 줄기 바라본다.

장터목 산장에서

날마다 그대 눈뜰 수 있는가

내 눈 감았다 뜨면
내일 떠오를 새 여의주 볼 수 있을까

일출에 맞춰 눈은 떠질까
운무는 높은 능선 다 넘어갔을까
예보는 빗나가지 않을까
조개(朝開)골의 아침은 열려질까

임은 깊은 꿀잠에 들었을까
꿈길에 입맞춤할까

코 고는 소리 들으며 그대 그리워
땀내 속에서 혼자 외로워
온몸을 뒤척뒤척 흔들어대는 밤바람

뒷등 배긴다 아니 풀린다

모로 웅크리다 몸 바로 펴보는데

밤사이 내 눈 붉다.

달아오르는 일출

세상 한 바퀴 돌고
또다시 떠오를 해 기다리는데

비스듬히 뒤에서
그대 옆구리 감싸 손깍지 하고
숨소리조차 죽이는 나
두 손 뒤로 감으며
내 허리 꽉 껴안는 당신

손가락과 양팔
후끈후끈한 온몸으로 엮은
커플 가락지

산허리 두른 하얀 운무는
미동 하나 없는데
붉은 독두(禿頭) 지평을 연다

짝지의 검은머리 같은

왼쪽 앞 키 낮은 중봉을
힘줘 부둥켜안은 듯이 곧추선
천왕봉 점점 불그레해진다

남겨진 나의 일생에서
가장 젊은 지금
함께 내릴 하산길 앞에 두고
서로를 바짝 끌어안는다.

엎드려 염원하다

저 긴 날갯짓 저승까지 날아가는 것일까
청학의 정수리 같은 삼신봉에
산신제 차려놓고 두 손 모아 큰절한다

산 그 어디에서나
썩는 국물일지라도 마구 버려지면 안 된다는
그대의 깊은 속사랑 그 이상으로
내가 당신을 사랑할 수 있도록 해주소서

바라보면 바라볼수록 빠져드는 내 눈빛
깃털 아래 숨겨진 당신의 상처
콧날 시큰한 내음 맡을 수 있게 해주소서

발길 따라 헐떡일 뜨거운 내 숨소리
그대 곧 속속들이 혀끝 내밀어
앙금과 허물 죄다 용서 구하게 해주소서

나의 남은 일생은 물론 죽더라도

당신 품속에 든 날 오래오래 머물게 해주소서

철 따라 색다른 물빛 깃들지언정
이 바람만큼은 부디 온몸으로 껴안아주소서
가슴속 깊이 품을수록 높이 나르소서
좌우 날개 넓게 편 푸른 학이여.

시월, 세석 속에서

북해교에서 계곡 길 올라 함께한다

능선 따라 띄엄띄엄 자리한
예각 날 선 자연석 위에서 주뼛주뼛 나를 세운다
무딘 조경석 1(일)처럼 꼿꼿이 서보려는 듯

맑은 물 넘쳐흐르는 조그만 연못 하나
둥그런 0(영)임을 굳이 드러내고 싶지 않는 듯
젖은 몸 숨긴 채 일렁인다

물속 깊숙이 단풍의 반영 들여다보다
속가슴 쿵쾅거려 그냥 내 손 밀어 넣는다

10월에 짝꿍 된 1과 0
각자 따로일 때는 있는 둥 없는 둥 하다
곁에 가까이 다가붙어 있을 때에는
열 배는 더 부푼다

하늬바람 부는 높은 능선에는
곧추선 촛대봉의 민머리 불그레하고
붉게 물든 골 나지막이 감춰진 청학연못 속에는
황혼의 불덩이 검붉다

저녁 하늘 점점 짙게 불타오른다.

화산(華山)*에서 취하다

나는 그대에게 깊어지는 길로
자꾸 빠져들어 간다

꽃, 돌 말없이 피어나는
이 빛깔 밝은 산 아래 발 들여놓을 때부터
그대 꽃모습 이미 일색이다
피어날수록 빛나는 꽃잎 품은 듯
물올라 탱글탱글한
바위돌꽃** 한 송이 맑고 눈부시다

온몸 당기는 담은 꽃술 달보드레한 맛
건배 외치며 몇 순배하다
서로 가닿는 찰나의 꽃 눈빛 따라
끼리끼리 발길 옮긴다

한 걸음 한 걸음
높이 오를수록 바람 속 핏줄 뜨거워진다

뒤서거니 앞서거니 하다
바윗돌의 뼈대 위로 차오르는 꽃에 취한다
내 모국어의 자음 같은 몸짓하다
휘청 모음 소리 튀는 순간
내 손 뻗어 와락 그대를 끌어안는다

당신 함께 나를 세우는데
돌, 꽃 한 몸인 듯 환히 웃는다.

---

*중국의 서악.
**돌나물과의 여러해살이풀.

무릉에서의 몽유

청래골 눈 덮인 옛길 뚫고 일출봉 이르렀다

오르면서 보지 못한 겨울꽃
찬 마칼바람 안고 나뭇가지며 돌 위에서 물빛 꽃 피어난다
내 눈빛과 온몸 능선의 꽃 잔치에 얼어붙는다

어느 무릉(武陵)에서 이 몽유(夢遊)의 시간 즐길 수 있을까

나의 일생 내내 끝없이 꿈꾸는 길 함께하려는
그대 숨결 품고 뭉클뭉클 자라는 꽃눈
봄 기다리다 애달픈 마음 앞서 얼음꽃 피우나보다

아침보다 더 떨리는 한낮 추위에 아쉬운 발길 되돌리는데

하얀 눈썹 성성한 나뭇가지들
안부 아래 길목 사거리까지 냅다 달려 내려와
눈높이 맞춰 인사하듯 굽실굽실한다.

제4부

달콤한 시련(詩聯)

마당에 먹칠하던
늙은 겨울 감나무 가지 끝에
조장(鳥葬) 마련되고 있다

감으로 여물다 홍시로 익은 일생

핏빛 사라져버릴 때까지
오래 받들어질 듯
소신공양 몇 마디 붉은 시
높이 내걸려
찬바람에 흔들린다

얼어붙었다 풀어졌다 하는 시체
말랑말랑 굳을 심장

띄엄띄엄 문안 발걸음한 듯
까치 울음소리 들린다.

돌무덤 곁에 서다

그대 조막손으로 건네주는
조약돌 받아들다 개울가 밑바닥을 본다

고만고만한 돌멩이들의 생(生)이
밟히어 눈가에 어린다

대부분 그 자갈이 그 자갈이지만
당신으로부터 건네받은
이 돌처럼 물고기무늬 선명할 때는
윤슬 물빛 현기증에
뒤돌아서서 하늘 올려다본다

물가에서 옹기종기 살아온 그대
어족(魚族) 핏줄이었을지 몰라

바위가 몽정(夢精)한 오래된 알들
산천어 퍼덕거리는 산란장 안팎으로
가장자리로 나앉아 수두룩하다

자갈밭 끄트머리에 선 자연 조경석 하나
마주한 나의 저편에서
또 다른 꿈에 젖는지 묵묵하다.

쑥돌 속 울림 숨길 수 없다

멀고 먼 곰골 따라 내려오다 만난 자갈밭에서
물고기 태어나던 저 돌무덤에서
골라 들다 놓고를 반복하다 번쩍 눈에 뜨인 돌 하나

검은 바탕에 새겨진 돌무늬에는
흰 면사포와 드레스 두른 여인이 까만 수곰을 품고 있다

내 안의 나 아닌 너 그 속의 그대를 본다

수없이 지웠다 다시 다듬어 퇴고하듯
숫돌 몸체가 깎이고 또 씻기어
그 살비듬 거의 없는 미끈한 알몸이 드러나듯
물결이 맨 나중에 남긴 시(詩)

이면의 이면 한 겹 한 겹 벗기다 가장 마지막에
마주하는 나의 아니마
이 연인의 품 깊숙이 감추어졌다 떠올라버린 달곰이
따뜻한 체온 함께 섞는 포유류 애무의 절정인 듯

매끈매끈한 살 맞대 껴안고 있다

조약돌의 부른 배를 내 약손인 양 만지작만지작 한다

오래 응축된 침묵이 손끝에서 떨린다

들어앉은 몸속의 울음소리 사라질 리 없다.

마른 목을 축이다

목마른 산길에서 만난
돌샘 하나
제 피 한 톨 한 톨 모으고 있다

첫 인연조차 알기 힘든 하늘과 지리의 천부(天府)
일생 끝까지 감사하고파
맑은 샘물 가득한 낮은 돌담의 옹달샘을
양손 쭉 뻗어 감싸 안는다

끊임없이 샘솟아 차오르는 물빛
잠시 들여다보다
낮게 엎드려 가슴 적신 채 입술 들이밀어
땟물 하나 없는 물 한 모금 들이킨다

수면 일렁이는 정원(井垣)
잔잔한 동심원 몇 개 퍼져나간다

막 떠오르다

숨마저 멎은 달빛, 숲의 그림자를 길게 밀어
밤을 드리운다

물소리 홍건히 넘쳐흐른다.

독거가 핀다

풀 한 포기 없는 반경 1.5미터 원 그리며
깊은 산속 피어나는 천종산삼 한 뿌리
그 뇌두에 한 해 한 해 새기고 침묵한다

천상천하유아독존 꿈꾸는 독거의 고독

인산인해 속 홀몸으로 굴러가는 둥근 사유여
한바다 위 바위섬 궁극의 실존이 핀다.

노트북 앞에 앉아

오래된 내일 하나 줄곧 깜박인다
현재진행형 커서가 앞장선다
몇몇 쉰 목소리 흔글 입력화면 층층 가로지른다
스마트폰보다 더 각진 책 묵직하다
네이버 검색창부터 여니 사전 볼 일 없다
전혀 쓰지 않고도 쓰는 것이다
백스페이스키로 밀어버리거나
손가락 끝으로 두드리는 것은 빠뜨릴 수 없다
마음으로 단풍잎 되고 목말라하다
트이는 나뭇가지 사이로 물드는 허공 본다
꼭뒤 껌뻑이다 눈앞이 환해진다
반딧불이의 주황 불빛 경계 살아난다
원래 붉은 끄나풀이라고는 없는
푸른 난초 잎 초끈*의 띠처럼 바르르 떨고 있다
움직임이나 숨마저 죽인 가죽 필통 안에
담기는 것은 필(筆)이 아니고
가슴 붉게 꽃피우는 온통 내 피다.

---

*(물리학)초끈이론 참조.

첫눈에 반하다

—첫눈에 반했어요
  온몸에 따뜻한 당신을 걸치고

마칼바람 찬 백두대간 타고 내리는 행렬 속에서
문자 보내왔네요
첫눈 위에 하트 그려진 사진과 함께

더 멋진 뜨거운 선물 못해주고
겨우 잔설 위에서 뚜렷이 드러나 보일
검은 겨울 등산복 한 벌뿐이었는데……

—첫눈 맞은 그대 눈부시네요
  내 품에 들어 곱네요

눈 떼기 어려운 첫눈의 눈빛은 강렬하다

나 또한 첫눈에 반해버렸지요
그날 당신과 첫 눈빛 마주했을 때

그대 까만 눈동자 속 선명하던 나의 눈부처를
처음 보는 그 순간 곧바로 알았지요
커플룩 벗어버릴 수 없음을.

반하다, 홀딱*

서점에서 제 알몸 그대로 드러내는
양장 모습의 퍽 감성적인
그대를 만났다

자그마한 몸매에 마른 듯한데
카드로 값을 치르고……

나는 벗기고 더듬어보다 끝내는
침대로 끌고 들어간다

한없이 탐닉하다 핏발선 눈이 풀린다

내 즐기는 체위는커녕 딱 한 가지
눈밭 위 그대 발자국 좇아
푹푹 빠져드는 하룻밤 일 분명한데

수십 폭의 빙벽에 새겨진
미인도 그 정수리로부터 발끝까지 읽다

긴 정사에 지친 온몸
파김치 된 나를 가로누인다.

---

*강회진 시집 이름에서 빌리다.

심혈관 속의 가락

백두대간 그 일행 함께 타오르는
그대 핏물 한 가닥
안아 든 이 한밤 내내
나는 사랑에 빠져들어 간다

올랐다 내리고 다시 올라 그 끝을 묻는다

결코 끝나지 않을 듯이
마음과 몸 한통속인 등고선 그린다

한 조각 붉은 마음인지
가슴 한편 등신인지 알기 힘들지만
고동의 고동 넘어
자주자주 극치의 그 호흡에 맞춰
나름나름* 즐긴다

한 줄 심전도에 보이는
선의 모든 높낮이 꽤 닮은 듯 보이지만

그 어느 하나 똑같은 것은 없다

또다시 나는 그대 끌어당겨
이면의 이면까지 온몸 깊이 품으며
몰아쉬는 숨결 가쁘다.

---

* 저마다의 나름을 뜻하는 순우리말.

분꽃의 저녁 발화

세상에, 음부(陰符)를 드러내려고
늦은 오후 발악을 한다

저 갖가지인 꽃빛은
물빛 속에서 눈빛부터 길러낸다

눈 트자마자 온몸 열어젖히고
천부(天符) 읽으며 화들화들한다

늙은 가지에 피는 늘픔*은
늘 낯빛이 어둡다

시들어가며 부끄럽지만
질 때까지 해바라기하기 바쁘다.

---

*(순우리말) 앞으로 좋게 발전할 가능성.

쿵쾅쿵쾅

무릎 위 누운 나의 내면 소리 들으려
귀이개 들고 달팽이관 가까이 더듬어오는
당신의 속가슴 소리

닮은 모습에 이름 같은 짝꿍인가보다

궁금해 자리 바꿔가며
양쪽 귀 다 파보고도 모자라는지
마주 보고 두 눈 속의 눈동자 들여다본다
충혈 된 눈빛의 눈부처 위로하는지
서로 귓바퀴 꽉 움켜잡고서

당신은 나의 아니마 빼닮았고
나는 당신의 아니무스 뒤집어썼는지
뛰놀던 심장 한 소리로 울린다

정말 눈뜨고 못 볼 드문 인연이다.

사이 · 2

나이 들수록 몸이 상전이다

몸보다 마음 앞선다고 말하는데
산몸일 때뿐일 것이다

마음 없는 몸 있거나 없을 수 있지만
몸 없이 마음 홀로 생길 수 없다

죽어 차가워진 몸에서
마음 한쪽이라도 그대 눈으로
볼 수 있었든가

곧 심장 붉게 뛰는 때만
몸 함께 마음 살아 움직인다는 것을
늦게 눈치챌 뿐이다

살아갈수록 부질없는 마음보다
내 온몸 챙기기 바쁜데

어느새 급한 마음이
낡은 나를 질질 끌고 간다.

윷판

요녕성 철령시 조선족 소학교에서
윷놀이 교육봉사를 했다

부모가 일 찾아 가 있는 그 먼 곳에서 가져온
이 놀이를 배우려는
아이의 눈동자가 초롱초롱하다

수업 끝마치는데 한 아이가 운다
놀아보고 싶었는데
단 한 번도 기회를 주지 않았다고
주저앉아 더럭더럭 운다

뒷등 넓은 정인혁*이 그 아이를 업는다

윷판이 된 등짝 위에 윷말을 쓰는 아이

청포도**가 영그는 계절
방금 새로 생긴 삼촌의 등 뜨거운 어부바

덩굴에 매달린 포도송이인 양
내릴 줄을 모른다.

---

*경남대 국어국문학과 2016학번.
**봉사단 이름.

두 섬을 생각하다
—중국 단동에서

꿈에 마주 보는 섬 사이 오가다 일어나
강 건너 민둥산 바라보고 섰다

온갖 나무들 무성하게 자라는 민의(民意) 중심인 남쪽은
헐벗어 나무 보기 힘든 당론(黨論) 우선인 북쪽에
막혀 섬 아닌 섬 되어 하늘로 바다로 넝쿨 뻗었다

굳은 광물들 숨겨진 모습대로
땅속에 은둔해 그 속셈을 즐기는 북–섬과 달리
속 빈 자원 뱃심으로 따와야 하는
남–섬은 지상 위에 그 내장까지 내보인다

섬 사이에 건너기 힘든 해류 흐르지만
나랏말 잃지 않은 짙푸른 정맥들 엉기어 있다

부산에서 서울로 올라 푸른 해협 건너
평양 거쳐 이곳 지나가는 AH 1* 달려보고 싶다

민과 당 앞세우는 그 힘으로
해풍과 대륙풍, 난류와 한류 뒤섞어
사지 엇대 좌지우지하는 두 반구가 뇌활 몸통 이루듯
일심동체까지는 힘들어도
살진 합심이체 만들면 더 이상
꿈에 시달리지 않고 달릴 수 있을 것이다.

---

*Asian Highway 1.

장항리 절터*에서

적막 속에서 울려오는
소리 없는 말씀에 눈뜨려 한다
내 온몸의 문이란 문 활짝 열어젖히고
돌꽃 피우는 그 내면까지
들어가 보려 한다

탑 속으로 가는 넓은 석문 보인다

소고삐 단단히 틀어쥐듯
돌탑 벽면에 돋을새김 해놓은
문고리 움켜잡는다

쥐다 놓치다 반복하는
손가락 끝이 화끈화끈 한다

문 열어라 돌아 문 열어라 돌아**

열리지 않은 눈먼 나는

두 팔 벌려 석벽의 문 통째 끌어안고
호흡까지 멈추고
있는 힘 다해 열어가는데

참았던 숨 목구멍 가득 차오른다.

---

*사적 45호, 경주시 양북면 장항리 1081번지.
**서정주의 「꽃밭의 독백」에 기댐.

풀대의 고백

반드시 새 봄날 올 것이다

물오르는 몸 달궈지지 않을 수 없지
꽃샘바람은 금방 훈훈해지지

등뼈 똑바로 세우고 젖은 눈빛 가다듬자
튼실해야 꽃잔치 부풀 수 있다

흙에서 나와 흙으로 돌아가는
목숨 하나뿐이지만
일평생 푸른 문장 자라나지 않는가

늦가을부터 다이어트로 다듬어진 온몸
마른 듯 가늘어 보인다

어제의 군살에서 불거진 관절과 뼈대를
다시 더듬듯 샅샅이 두드리다
열 손가락 모두 뻗어 기지개 편다.

해설

생의(生意)를 빚는 두 축(軸)
'난득호도(難得糊塗)'의 마음과 '응시(凝視)'하는 몸

백인덕 시인

1.

한 권의 시집에 거는 기대로 수미일관한 시적 태도를 만날 수 있다면 행복할 것이다. 덧붙여 작품이 진지하면서도 활달하고, 깊으면서도 넓게 퍼지는 양상(樣相)을 무리 없이 보여준다면 독자로서 더할 나위 없을 것이다. 몇 번의 독해 끝에 조경석 시인의 초상(肖像)을 그려본다. 그는 필자처럼 '독두(禿頭)'라 했다. 'M16'이나 'NAM26' 같은 암호가 되기도 한다(물론 이 암호들은 작품 속에 그 풀이가 담겨 있다). 그는 이미 거뜬히 세계를 일주하기도 했지만, 자칭 '정원(井垣)'이나 '만어(萬魚)'로 묵묵히 '시방(詩房)'에 머무르기도 한다. 물론 그 머무름은 수양의 한 방편이다. 일단을 엿보자면 "아침에 장

자를 펼쳐 읽는다/자유시 낭독같이 해맑다/햇볕에 말린 맑은 몸 울려 하늘 높이 올린다/밝은 혼 들인 듯 목청껏 부르짖는다/붉은 가죽나무에 깃든 넋 길게 풀어놓는다/달팽이관 맴돌던 이명 떨치듯/정수리부터 일으켜 허공 쭉— 찌른다”(「소리의 몸·3」)처럼 호기롭다. 그뿐인가, 서점에서 만난 “제 알몸 그대로 드러내는/양장 모습의 퍽 감성적인/그대를” 그대로 두고 올 수 없어 기어이 “카드로 값을 치르고” 데려와 “벗기고 더듬어보다 끝내는/침대로 끌고 들어간다//한없이 탐닉하다 핏발선 눈이 풀”(「반하다, 홀딱」)릴 만큼 로맨티스트이기도 하다. 사실, 시인이 시집에 반하는 것을 낭만이니 열정이니 하는 것 자체가 좀 우습기는 하지만 ‘홀딱’ 반하는 심사를 이렇게 매끈하게 한 편의 작품으로 뽑아내기는 쉽지 않다는 점에서 시인의 개성적인 측면이 엿비친다고 해도 과언은 아닐 것이다.

시인의 이 종횡무진, 활달함은 당연히 ‘생의’의 솟구침을 그대로 비유한다. ‘시인의 말’을 그대로 인용하면, “퇴직은 곧 새로운 말년의 시작이다./감으로 여물었다 홍시로 익어간다.//단풍 지는 길 걸어 잔설 속으로 드는 여생,/또 다른 청춘으로 보이기까지 할/그 검붉게 물들어 말랑말랑해지다 굳을 사랑의 발그림자를 노래한다.”는 시적 자세가 오롯이 드러난다.

꽃피는 시절에는 꽃미남일 줄 알았다

익어 누런빛 날 때까지는 어디 쓸모가 없다

생짜로는 한입 베어 물지 않는다

살짝 삭은 듯이 시큼한 가을을 노래한다

문드러질수록 절창의 묘미 두드러진다

검버섯이나 저승꽃 만발하여도 쓸 모양이다

모개 풍기는 몸내가 점점 짙어진다.

—「난득호도(難得糊塗)를 읽다」 전문

이 짧은 작품은 소재가 '모개(모과)'라는 점에서 '인생의 쓸모'에 대한 한 겹의 사유를 유비하고, 제목의 '난득호도'가 다른 층위에서 '인생을 바라보는 관점, 또는 자세'에 대한 맥락적 '의미(message)'를 형성한다. 각주에 드러나듯 '난득호도'는 청나라 건륭연간의 정섭의 유명한 일화에서 나온 사자성어다. 문자 그대로는 '총명하면 어리석기도 어렵다'는 뜻인데, 아무래도 시인은 이 문면(文面)의 의미보다는 일종의 처세술로 '난득호도(難得糊塗) 흘휴시복(吃虧是福) ; 어리석기가 가장 어렵고, 손해 보는 것이 곧 복이다'를 받아들인 것으로 보인다. 그것은 총명을 스스로 숨기고 '바보인 척' 살아가다 깨닫게 되는 노년의 평안 같은 것을 지칭하는 것일지도 모른다.

인용 작품에서 시인은 "꽃피는 시절에는 꽃미남일 줄 알았다"고 청춘을 회상한다. 앞에 언급했듯이 시인은 'M16'이나 'NAM26' 같은 이니셜이랄까, 코드명이랄까 싶은 것으로 자신을 호명한다. 사실 그것은 61세의 남자가 "거울의 안쪽 저 깊이로부터 M16으로 읽히는데/그 화력 좋은 총 같은 나이/열여섯 살 중학생 모습 얼비친"(「M16」) 것일 뿐이다. 나이 61에 남자를 뜻하는 M이 붙었다 거꾸로 읽으면서 한때 제식 소총이었던 'M16'이 연상되고, 다시 그 불같은 화력이 열여섯 살의 중학생으로 연상이 이어진 것이다. 마찬가지로 'NAM26'도 "예순두 살의 남자(MAN)가 거울 앞에 선다" 그리고 현재의 몸이 보였다가 "저 멀리로부터 NAM26으로 읽히는데"(「NAM26」) 여기서 시인은 다시 ROTC 출신 보병 초급장교였던 26세의 자신을 회억(回憶)한다.

어쨌든 "꽃피는 시절"로 표현된 그 시절에는 예기치 않은 '고민과 시련'도 있었다. 그랬기에 "익어 누런빛 날 때까지는 어디 쓸모가 없다"는 것, 즉 '시간의 지혜'가 필요했다는 것을 '모과'를 보면서 깨닫고 그 시절의 가치를 다시 생각할 수 있게 된 것이다. 결국, 시인은 오늘의 나를 온전하게 인정하는 긍정적 태도로 전환하는데 "문드러질수록 절창의 묘미"가

두드러지고 “검버섯이나 저승꽃 만발하여도 쓸 모양”이 된 “모개 풍기는 몸내가 점점 짙어”옴을 온전한 감각으로 느끼고 있다. 또한 그것은 “검붉게 물들어 말랑말랑해지다 굳을 사랑의 발그림자를 노래”할 순간이 드디어 도래했음을 의미한다.

2.

주지의 사실이지만 생의를 빚는 두 축으로서 ‘몸과 마음’은 각기 다른 방식의 갈래처럼 보이지만 사실은 동전의 양면처럼 불가분하다. 우리가 몸을 강조하는 것은 지난 시절 정신에 과도한 중요성을 부여하고 몸을 천시 내지는 학대했던 것에 대한 반발, 즉 조정을 통한 건전한 관계의 수립을 위한 것이지 몸의 움직임만을 현실로 인정하고, 욕망을 생의 최종 동력으로 용인했기 때문은 아니다. 아니 어쩌면, ‘몸과 마음’은 영원히 기우뚱대는 시소일지도 모른다.

어쨌든 시인은 먼저 ‘몸’을 관리하기로 한다. 우리 사회에서 퇴직은 부정적 의미에서 노쇠했다는 것의 반증처럼 여겨지곤 한다. 조경석 시인은 이를 순순히 받아들일 생각도 여지(餘地)도 없다. “군더더기 없애려 퇴고 되풀이하듯/퇴직 이후에 가기로 마음먹은 남미 여행을 향해/미끈하게 다듬어지는 한 돌탑을 그리며/매일 아침저녁 운동으로 나 뱃살 비우고 또”(「몸을 다듬다」) 비우는 시간을 보낸다. 단순하게 생각해도 당면한 목적을 위해 준비하는 자세는 평소 시인의 ‘삶’에 대한 근본 태도를 그대로 보여준다.

시집의 전반부에 대망의 ‘남미여행’의 기대와 결과가 몇 편의 작품으로 형상화되어 있다. 가령, 「아슬라」에는 “소금사막의 물빛과 악마의 목구멍부터 들려주는/섬 이야기에 깊숙이 빨려든다”는 화자의 몰입과 함께 “나보다 시(詩)가 먼저 가 닿아 일렁일렁한다.”에서 여행의 목적을 유추할 수도 있다. 이렇게 확장된 견문은 가뜩이나 ‘난득호도’하기 어려운 세상과 시절에 시인에게 어떤 변화를 몰고 왔을까, 사실 시인은 별로 달라진 것이 없다. 달라질 이유가 없다고 해야 옳을 것이다.

> 고요한 찬정 아래 샘솟는 불빛 점丶하나
> 어느 속가슴에 묻었던 사랑을 길러내는 것일까
> 닷새를 참지 못하는 네 기다림에서
> 십리를 못 가는 내 그리움에서
> 웅숭깊은 격자 속 마음자리 터져 일렁인다
> 감괘(坎卦) 얼음판 풀리는 봄철부터
> 가는 명줄 이어져 오래된 내일 적신다
> 은하수에 뿌리내려 저토록 깊어지는 걸까
> 수면 속 맑은 별빛이 반짝인다

수억 광년 멀다 않고 달려온 그대 눈빛 빛난다
웅덩이 벗어나는 뜨거운 마음 부풀다
정원(井垣)의 나지막한 돌담 위로 넘쳐흐른다
돌에 물무늬 새기며 젖은 문장 자라난다

—「정원의 먼물」 부분

조경석 시인이 수차 밝혔듯이 '정원(井垣)'은 그의 첫 번째 호인 것 같다. 인용 작품은 일종의 '작호(作號)의 변(辯)'이라 할 수 있는데, 특히 주목하게 되는 것은 그냥 '우물 정(井)'이 아니라 "고요한 찬정 아래 샘솟는 불빛 점丶하나"를 더하고 (그래서 우물 丼이 된다.) 이 '점', 즉 '불빛'이 "어느 속가슴에 묻었던 사랑을 길러내는 것일까"라고 되묻는다는 것이다. 즉 그가 '정원'으로 이름 한 까닭은 묵묵하되 그냥 담겨 있는 것이 아니라 "눈 떼기 어려운 첫눈의 눈빛은 강렬하다"(「첫눈에 반하다」)는 사실을 길 밖에서도, 아니 벗어나서도 끝끝내 기억하기 위해서인 것이다.

사실 시인의 '길'은 먼 외지를 향했을 때보다 '몸' 가까이 살갑게 호흡하는 데서 더 영롱하고 다채로운 모습과 본래의 의도를 더 잘 드러낸다. 시집 후반부에는 직접적으로 '지리산'을 소재로 한 작품들이 여러 편 등장한다. 가령, "써레봉 바위에 서서/참신한 그대를 숨 멎은 듯 바라보다/동부능선의 시편 읊으며/나의 사랑 깊어진다고 말하는데//제 자신의 시(詩)가 들리는/동부능선의 울림은 어떠하겠냐는 듯/스르르 바짝 다가온다"(「동부능선의 시」)는 상호 교감의 상태를 보여준다. '제석봉', '대성폭포', '칠선계곡', '써레봉', '장터목산장' 등 지리산 코스를 다룬 작품들은 하나같이 몸의 길과 동반하는 마음의 길이 중의적으로 엮이고 있다. "사랑은 진실보다 더 아름답다/점점 열리는 그대 품속 샅샅이 훑으며/피어나는 운무에 반하다 쫀득한 꿈길에 빠진다//지나는 산들바람에 하나 둘 떨어지는/구상나무 마른 잎들/질투하듯 내 옆구리 쿡쿡 찌른다."(「제석봉에서 품다」)처럼 '꿈길'과 '옆구리를 쿡쿡' 찌르는 '구상나무 마른 잎들'이 한 길에 공존하고 있다.

이 길의 끝은 과연 어디쯤일까

(중략)

낡은 기왓장 아래 추녀 끝으로 보이는
그 오래된 풍경의 경이
담장 타 넘어 뭔섬으로 달린다

물밑의 여나 산경을 읽어보듯
문틀 하나하나 밀다 두드리다 하는 만어(萬魚)

주역 미제괘 때 이 집 드러날는지

닫힐까 두려워지는 뒷문을 지나, 다시
저 마지막을 알 수 없는
열린 골목길 따라 걸음 옮긴다.

—「올레길 걸어가다」 부분

진정한 끝을 위한 시작은 어디일까

샘솟듯 다시 영피어 끝끝내 임 그려내는 이 길은
아득히 멀어 보이지만
생각보다 가깝게 여기어진다

몇 억 광년 뒤에나 만날 것 같았지만
벌써 나에게로 와 사랑에 푹 빠져버린 것을
말하지 않아 어느 누구도 모른다

—「영혼의 임을 그리다」 부분

인용한 두 작품은 서두가 "이 길의 끝은 과연 어디쯤일까"와 "진정한 끝을 위한 시작은 어디일까"라는 '길과 끝'에 대한 질문으로 시작한다. 앞 작품은 몸의 길(올레길)이기에 결국은 "마지막을 알 수 없는 열린 골목길"로 접어들어야 하는 것이고, 다음 작품은 '끝'이 아니라 '시작'을 알 수 없기에 "벌써 나에게로 와 사랑에 푹 빠져버"릴 만큼 막연한 것이다. 일종의 막막함과 막연함의 쉼 없는 교차가 지금의 시인의 길이라 할 수 있을 것이다.

3.

조경석 시인은 그런 '애매모호함'에 오래 머물지 않는다. 지나치게 정확하게 자기의 길을 선별적으로 걸어왔기 때문이 아니라, 「홀로 애꿎은 등대」에서 "다리와 날개 없이 서성이고 싶은" 욕망을 읽어낼 수도 있고, "밤낮 허리 꼿꼿이 세운 몸통,/두리번거리는 불면과 젖은 듯한 목소리가/그대 향한 내 사랑 전부일 따름이다."라는 고집스런 외침, 근기(根氣)의 발현(發現)을 짚어낼 수도 있기 때문이다.

비로소, 아니 훨씬 이전부터 준비해온 것임이 틀림없을 테지만 이제 시인의 시인만의 방식, 방법으로 '자신의 별'에 이르고자 한다. '별'의 상징이야 읽는 이에 따라 상황에 따라 천차만별 달라질 수밖에 없지만, 여기서는 일단 '시(詩)'라고 이해하기로 한다.

마치 그 별이
나에게 윙크 하는 것처럼 보였다

을미년 칠월 중에
명왕성 최초 발견자 유해가 그 별 곁으로 갔다
칠석날 만나는 별인 양

뉴호라이즌스 우주선에 유골상자 실어
NASA가 제 별 찾아 보낸 것이다

하늘로 띄워 올리는 시(詩)가 있다면 저럴까

나의 별은 어느 것일까

내 이름에 든 일곱 번째 천간자리 별 경(庚) 자
바라보다, 소리의 몸이 읊은
별의 별 시 펼쳐놓고 가닿으려 한다.

—「내 별에 이르는 방법」 전문

시인은 명왕성을 발견한 클라이드 W. 톰보의 "마치 그 별이/나에게 윙크 하는 것처럼 보였다"는 말을 시의 전면에 배치함으로써 시인 자신의 바람과 간절함과 현실성을 동시에 강조하고 있다. 실제 뉴호라이즌스 우주선에 톰보의 유골이 실린 사건과 "내 이름에 든 일곱 번째 천간자리 별 경(庚) 자"의 일치를 찾아냄으로써 이를 증명하고자 한다. 그런데 사실 그가 '내 별에 이르는 방법'은 우주선에 유골을 실어 보내는 행위가 아니다. 마지막 행에서 드러나듯 "별의 별 시 펼쳐놓고 가닿으려 한다"는 것인데, 시를 펼쳐놓는다는 것은 방향을 바꾸면 그의 별이 그를 찾아오게 함으로써 그가 가닿는 것과 같은 결과를 겨냥하는 것이라는 생각이 든다. 시인은 이러한 방법을 첨예화하기 위해 은밀하게 '눈부처'를 찾고, 만나곤 했다. "당신 눈 속에 든 눈부처 바라볼수록 보고 싶은/나의 눈빛은 황혼 속에서도 맑아집니다"(「감잎처럼」) 그렇게 맑아진 눈빛으로 시인은 '나의 별'에게 무수한 '윙크'를 쏘아 올렸던 것이다. 그랬기에 "내 온몸과 마음 다 녹아든 간헐천인 양/속가슴 끓는 뜨거운 열정으로 치솟아/시인 조경석 문양 다듬는 필사의 노역꾼인/쑥돌 괸 물빛 맑은 정원(井垣)으로 불리며/그 나이 깊이 일렁이고 싶다/밤이슬에 젖다 찬 겨울철 맞이하겠지만/나는 이 시린 먼물 품고 살 것이다."(「돌의 자서·2」)고 선언했고, 또한 그 증거로 이번 시집이 존재한다.

마당에 먹칠하던
늙은 겨울 감나무 가지 끝에
조장(鳥葬) 마련되고 있다

감으로 여물다 홍시로 익은 일생

핏빛 사라져버릴 때까지
오래 받들어질 듯
소신공양 몇 마디 붉은 시
높이 내걸려
찬바람에 흔들린다

얼어붙었다 풀어졌다 하는 시체
말랑말랑 굳을 심장

띄엄띄엄 문안 발걸음한 듯
까치 울음소리 들린다.

―「달콤한 시련(詩聯)」 전문

조경석 시인은 활달함과 진지함 사이에서, 아니 그 틈을 비집고 변함없이 '생의'를 빚어 '간헐천'인 양 쏘아 올리고 있다. 앞으로도 계속 그럴 것이다. 왜냐하면 비록 그가 "늙은 겨울 감나무 가지 끝에/조장(鳥葬)"을 마련했다고 여기더라도 "띄엄띄엄 문안 발걸음"하는 '까치'는 계속 찾아들 것이고, 그렇게 '달콤한 시련(詩聯)'이 또 다른 시련을 부를 것이기 때문이다.

이 도서의 국립중앙도서관 출판시도서목록(CIP)은 서지정보유통지원시스템 홈페이지(http://seoji.nl.go.kr)와 국가자료공동목록시스템(http://www.nl.go.kr/kolisnet)에서 이용하실 수 있습니다.(CIP제어번호: CIP2018039365)

문학의전당 시인선 0299

내 별에 이르는 방법

초판 1쇄 인쇄 2018년 12월 10일
초판 1쇄 발행 2018년 12월 16일
지은이 조경석
펴낸이 고영
책임편집 서윤후
디자인 헤이존
펴낸곳 문학의전당
출판등록 제2017-000002호
주소 서울시 마포구 마포대로 11길 91, 3층
전화 02-852-1977 팩스 02-852-1978
전자우편 sbpoem@naver.com

ISBN 979-11-5896-402-3 03810